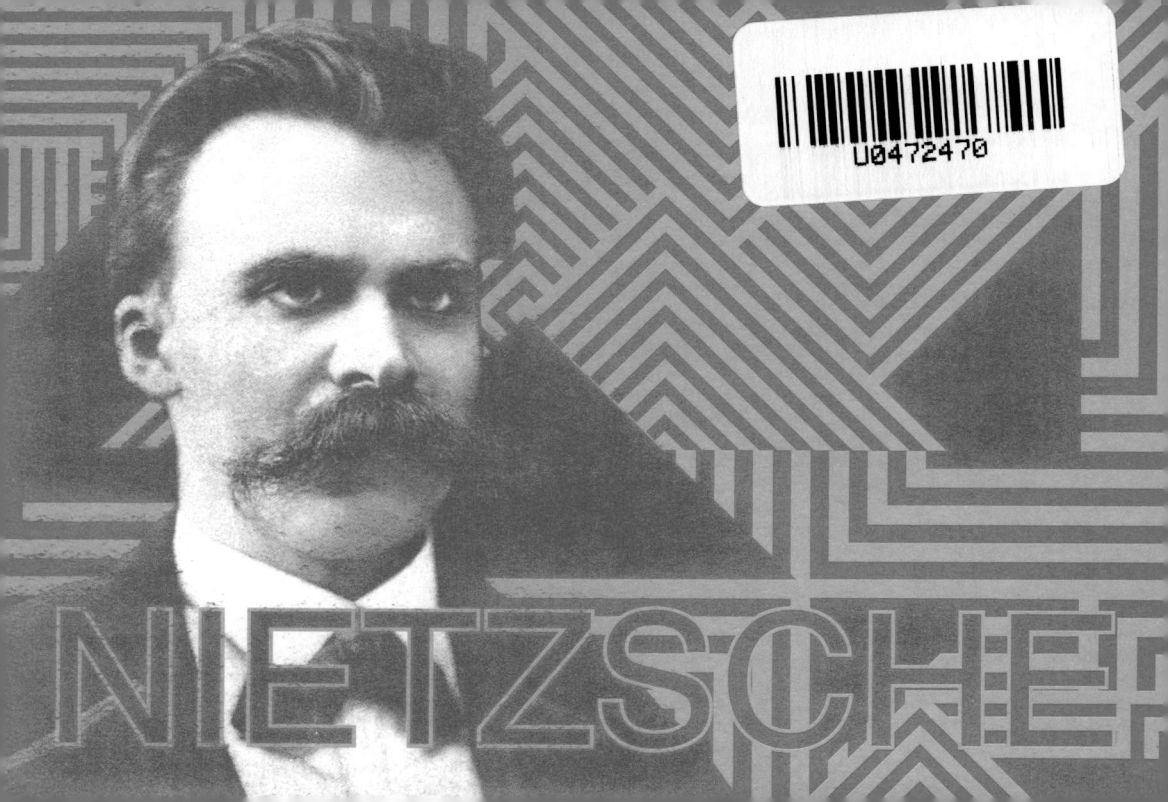

NIETZSCHE

弗里德里希·尼采，出生于1844年10月15日，德国著名哲学家。主要著作有《悲剧的诞生》《快乐的科学》《查拉图斯特拉如是说》《权力意志》，及《瞧，这个人》等。1869年尼采被聘为瑞士巴塞尔大学古典语文学教授，1879年辞职，之后长年漫游于阿尔卑斯山间，1889年精神崩溃，从此再未恢复，于1900年8月25日在魏玛去世。

孙周兴，绍兴会稽人，哲学博士，德国洪堡基金学者；现任浙江大学哲学学院讲席教授，兼任中国美术学院、同济大学等校教授。主要从事德国哲学、艺术哲学和技术哲学研究。著有《语言存在论》《后哲学的哲学问题》《以创造抵御平庸》《未来哲学序曲》《人类世的哲学》等；主编《海德格尔文集》（30卷）《尼采著作全集》（14卷）《未来艺术丛书》《未来哲学丛书》等；编译有《尼采四书》《海德格尔选集》《林中路》《尼采》《哲学论稿》《悲剧的诞生》《快乐的科学》《查拉图斯特拉如是说》《权力意志》等。

光尘
LUXOPUS

[德] 弗里德里希·尼采 著 ＼ 孙周兴 译　**我为什么如此聪明**

上海文艺出版社

FRIEDRICH

NIETZSCHE

1

《悲剧的诞生》
Die Geburt der Tragödie

我们惘然四顾,追寻那业已消失的东西:
因为我们看到的东西,有如从一种没落中升向金色光辉,
是那么丰沛翠绿,那么生气勃勃,那么充满无限渴望。

2

《悲剧的诞生》
Die Geburt der Tragödie

人们不可要求最高贵者具有皮革的持久韧性；
那种粗壮结实的持久性，
诸如罗马的民族本能所特有的持久性，
很可能不是完满性的必要属性。

3

《悲剧的诞生》
Die Geburt der Tragödie

若没有对个体人格的肯定,
也就不可能有国家和故乡意识。

4

宁要整块木头做成的敌意，
也不要粘贴起来的友谊！

——《快乐的科学》
Die fröhliche Wissenschaft

5

《快乐的科学》
Die fröhliche Wissenschaft

所有虚弱者都诅咒太阳；
树的价值却在于——阴影！

> 生活意味着什么？——生活——意味着：
> 持续不断地把某种想要死去的东西从自身那里排除出去；
> 生活——意味着：对我们身上（不光是我们身上）
> 变得虚弱和老朽的一切东西采取冷酷无情的态度。

6

《快乐的科学》
Die fröhliche Wissenschaft

7

《快乐的科学》
Die fröhliche Wissenschaft

爱情甚至会宽恕被爱者的欲望。

8

生活并非一种论证；生活的条件或许就包含着谬误。

《快乐的科学》
Die fröhliche Wissenschaft

9

《快乐的科学》
Die fröhliche Wissenschaft

知道自己深邃者力求清晰；
向大众装出深邃者则追求晦涩。
因为大众把他们看不到底的一切东西都视为深邃：
他们如此胆怯，不愿涉入水中。

10

思想是我们的感觉的影子，
——总是比感觉更暧昧、空洞和简单。

《快乐的科学》
Die fröhliche Wissenschaft

11

《快乐的科学》
Die fröhliche Wissenschaft

要破坏某事，
最刁奸的做法是故意用错误的理由为这事辩护。

12

《快乐的科学》
Die fröhliche Wissenschaft

所有习惯都会使我们的双手变得更具才智,
使我们的才智变得更笨拙。

13

《快乐的科学》
Die fröhliche Wissenschaft

我们的所作所为，永远得不到理解，
而始终只是受赞美和责备。

痛苦总是要追问原因，
而快乐则倾向于保持现状，并不回顾。

14

《快乐的科学》
Die fröhliche Wissenschaft

15

《快乐的科学》
Die fröhliche Wissenschaft

唯有那些对权力感最敏感和最渴望的人才
更喜欢在反抗者身上打上权力的印记；
而业已被征服者的样子（作为行善的对象）
对这些人来说就构成累赘和无聊了。

> 有时候世上可能会有一种爱情的延续，在其中，
> 两个人之间那种相互的占有要求已经让位于
> 一种新的欲望和贪婪，已经让位于一种共同的、
> 更高的对于某个凌驾于他们之上的理想的渴望：
> 但，有谁识得这种爱情呢？有谁体验过这种爱情呢？
> 它真正的名字是友情。

——《快乐的科学》 *Die fröhliche Wissenschaft*

17

《快乐的科学》
Die fröhliche Wissenschaft

毒药能使虚弱者毁灭,而对于强者来说则意味着强化剂——
而且强者也并不把它称为毒药。

宽宏大度与复仇一样，包含着同样程度的自私，
但却是一种不同性质的自私。

19

《快乐的科学》
Die fröhliche Wissenschaft

最强大的人也还会害怕旁人的冷眼和撇嘴，
而人们就是在旁人当中、为着旁人而长大成人的。

20

唯有作为创造者,我们才能消灭什么!

《快乐的科学》
Die fröhliche Wissenschaft

> 21

《快乐的科学》
Die fröhliche Wissenschaft

人们说话时装出一种宫廷腔,
到最后,这种装腔作势竟成了自然。

有统治的地方就有大众：
有大众的地方就有奴役的需要。

《快乐的科学》
Die fröhliche Wissenschaft

23

《快乐的科学》
Die fröhliche Wissenschaft

一个人抗拒他的整个时代,把这个时代拒之门外,
并且追究这个时代的责任,这一定会产生影响!
他是否想要产生影响,这无关紧要;
他能够产生影响,这才是关键。

24

《快乐的科学》
Die fröhliche Wissenschaft

谁若长时间地彻底弃绝某个东西,
那么在他偶然重新遇见它时,
他几乎会误以为是发现了它,
——每个发现者都会有何种快乐啊!
让我们比那在同一个太阳下躺得太久的蛇更聪明些吧!

25

《快乐的科学》
Die fröhliche Wissenschaft

人们要么根本不做梦,要么梦得有趣。
——人们必须学会同样地保持清醒:
——要么根本不清醒,要么醒得有趣。

当我们恋爱时，我们都想掩饰自己的缺点，
——这并非出于虚荣，而倒是因为不想让所爱者痛苦。

《快乐的科学》
Die fröhliche Wissenschaft

27

《快乐的科学》
Die fröhliche Wissenschaft

什么造就英雄?
——同时面对自己至深的痛苦与至高的希望。

28

《快乐的科学》
Die fröhliche Wissenschaft

你的良心在说什么?
——"你要成为你自己。"

对于人来说,猿猴是什么呢?
一个笑柄或者一种痛苦的羞耻。
而对于超人来说,人也恰恰应当是这个:
一个笑柄或者一种痛苦的羞耻。

少有人知道这一点:
人要睡好,就必须拥有全部的德性。

《查拉图斯特拉如是说》
Also sprach Zarathustra

31

《查拉图斯特拉如是说》
Also sprach Zarathustra

我们爱生命,并不是因为我们习惯于生命,而是因为我们习惯于爱。

高贵者想要创造新事物,以及一种新的德性。
善人却需要旧事物,保住旧事物。

32

《查拉图斯特拉如是说》
Also sprach Zarathustra

33

《查拉图斯特拉如是说》
Also sprach Zarathustra

我们不想为我们最好的敌人所宽恕，
也不想为我们打心眼里热爱的人们所保护。

我爱森林。在城市里生活是不妙的：在那里有太多发情的人们。

《查拉图斯特拉如是说》
Also sprach Zarathustra

35

《查拉图斯特拉如是说》
Also sprach Zarathustra

呵！有如此之多伟大的思想，
它们之所为无异于一个风箱：
它们鼓胀起来又变得更加空洞。

有朝一日，你们当超越自身去爱！
所以首先要学习爱！
而且因此之故，你们不得不啜饮你们那爱情的苦酒。

《查拉图斯特拉如是说》
Also sprach Zarathustra

37

《查拉图斯特拉如是说》
Also sprach Zarathustra

一切事物的价值都要由你们来重新设定!
因此你们当成为战斗者!因此你们当成为创造者!

与人类一起生活是困难的，因为沉默是如此艰难。

《查拉图斯特拉如是说》
Also sprach Zarathustra

39

《查拉图斯特拉如是说》
Also sprach Zarathustra

欢乐之泉呵,你几乎太猛烈地涌来!
而且,因为你想要把杯子注满,你常常又把杯子倒空!

从前,当人们眺望远海时,就会说到上帝;
而现在,我却教你们说:超人。

《查拉图斯特拉如是说》
Also sprach Zarathustra

41

——《查拉图斯特拉如是说》 *Also sprach Zarathustra*

当权力变成仁慈,并且下降为可见之物:我把这样一种下降叫作美。

美在哪儿呢？在我必须以全部意志去意愿的地方；
在我意愿热爱和没落、使得一个形象不只是形象的地方。

《查拉图斯特拉如是说》
Also sprach Zarathustra

43

《查拉图斯特拉如是说》
Also sprach Zarathustra

一切笔直者都是骗人……所有真理都是弯曲的，时间本身就是一个圆圈。

44

《查拉图斯特拉如是说》
Also sprach Zarathustra

谁生活在善人们中间，同情就会教他撒谎。
同情为所有自由的灵魂制造出沉闷的空气。
因为善人们的愚蠢是深不可测的。

45

《查拉图斯特拉如是说》
Also sprach Zarathustra

人是难以发现的,最难以发现自己;

精神常常欺骗灵魂。

人是一座桥梁,而不是一个目的:
庆幸于自己的正午和黄昏,作为通向新曙光的道路。

《查拉图斯特拉如是说》
Also sprach Zarathustra

47

《查拉图斯特拉如是说》
Also sprach Zarathustra

宁可一无所知,也胜于对许多事物一知半解!
宁可成为一个独立自主的傻子,
也胜于成为一个由他人决定的智者!

我们相互注视,望着那凉夜刚刚降临的绿草地,一起哭了起来。——但当时,生命于我是更可爱的,胜于我所有的智慧。

《查拉图斯特拉如是说》
Also sprach Zarathustra

49

《权力意志》
Der Wille zur Macht

思想就是行动。

我们所有有意识的动机都是表面现象：
背后隐藏着我们的本能和状态的斗争，争夺强力的斗争。

50

《权力意志》
Der Wille zur Macht

51

《权力意志》
Der Wille zur Macht

在我看来,谁若把痛苦当作反对生命的论据来感受,
那就是浅薄的,我们的悲观主义者们就是这样;
在幸福中见出一种目标的人亦然。

人们总得干些比结婚更迫切的事：
天哪，我一直就是这样想的啊！

53

《权力意志》
Der Wille zur Macht

一切理想都是危险的,因为它们贬低和谴责事实,
一切理想都是毒品,但作为暂时的药物又是少不了的。

最深的侮辱莫过于：
让人看出自己对于自身的要求的高度和严格性。

《权力意志》
Der Wille zur Macht

55

《权力意志》
Der Wille zur Macht

所有时代里弱者和平庸者的基本倾向就是使强者变弱，
把强者扯下来：主要手段就是道德判断。
强者对弱者的攻击行为受到严厉谴责；
强者的高级状态往往臭名昭著。

"上帝"是一个太过极端的假说。

《权力意志》
Der Wille zur Macht

57

《权力意志》
Der Wille zur Macht

倘若我们把自己的感官强化或者钝化十倍，那我们就会毁灭。

> 如果我们不想让哲学的名声蒙受耻辱,
> 那就让我们抛弃掉某些陈词滥调吧,
> 例如"世界进程"这个概念:对于所谓"世界进程",
> 我们是一无所知的。

——《权力意志》 *Der Wille zur Macht*

59

《权力意志》
Der Wille zur Macht

不要在事物中寻找意义：
而是把意义插入事物中！

心理学上的错误结论：
仿佛一个事物的持久性担保了
我对于该事物所具有的情绪的持久性！

60

《权力意志》
Der Wille zur Macht

《权力意志》
Der Wille zur Macht

有一些心灵在变得强硬的时候才有意义。
对于此类心灵来说，谦逊的道德性乃是最恶劣的软化。

我们不能同时肯定和否定同一件事情：
这是一个主观的经验定理，
这里面没有表达出什么"必然性"，
而只表达出一种无能。

《权力意志》
Der Wille zur Macht

63

《权力意志》
Der Wille zur Macht

一个人的价值并不在于他的有用性：
因为即使他对任何人都没有用处，他也会存在下去。

凡在人们还不能进行因果思考的地方，
人们就以道德方式进行思考。

《权力意志》
Der Wille zur Macht

《权力意志》
Der Wille zur Macht

凡人们得不到的东西，人们不应苛求自己。
人们得问一问自己：是想走在前面呢？
还是想为自己而行进？

为了允许自己做一件坏事，人们必须具有勇气：
对此，大多数人过于胆怯。

《权力意志》
Der Wille zur Macht

生成的意义必定在每个瞬间都是
已经充实了的、达到了的、完成了的。

现在我允许自己忘掉自己。
后天我要恢复过来。

《权力意志》
Der Wille zur Macht

《权力意志》
Der Wille zur Macht

我们之所以蔑视自己,
只是因为我们不能在任何时候都压制住那种
被称为"理想主义"的荒唐冲动。

人们必须劳动，若不是出于趣味，至少是出于绝望，因为认真考量一切之后，劳动是比消遣更少无聊的。

《权力意志》
Der Wille zur Macht

71

《权力意志》
Der Wille zur Macht

完全还是小孩时，我就感到自己心里有两种冲突的情感：生命的恐怖和生命的狂喜。

要想治愈一切，苦难、疾病和忧郁，
所缺的绝对只是工作成瘾。

《权力意志》
Der Wille zur Macht

73

《权力意志》
Der Wille zur Macht

事物的进程并不取决于绝大多数人的赞同：正因为这样，世上才出了一些令人惊讶的事……

为了不至于自杀，人类发明了上帝，除此之外人类一无所为。我是第一人，拒斥了上帝之虚构……

《权力意志》
Der Wille zur Macht

《权力意志》
Der Wille zur Macht

早先的自杀者是有理由自杀的；
而我却没有理由自杀，
唯一的理由就是要证明自己的独立性。

**人生的后半场是由习惯构成的；
而在前半场，人们曾与这些习惯决斗。**

《权力意志》
Der Wille zur Macht

77

《权力意志》
Der Wille zur Macht

"一切皆善"——要否定之,是颇费我们力气的……

伟大事物要求人们对它们保持沉默或者大谈特谈：
所谓大谈，意思就是以犬儒方式，并且毫无恶意地。

《权力意志》
Der Wille zur Macht

79

《权力意志》
Der Wille zur Macht

笑得最好的人笑到最后。

我怀疑一切建立体系者,对他们敬而远之。
至少对我们思想家来说,
追求体系的意志乃是某种丢人现眼的东西,
我们的非道德性的一种形式。

《权力意志》
Der Wille zur Macht

81

《权力意志》
Der Wille zur Macht

谁若不能把自己的意志置入事物之中，
他至少还能把一种意义放进去：这就是说，
他相信，事物中已经有一种意义了。

人是一种平庸的利己主义者：
甚至最聪明者也看重自己的习惯胜过自己的优势。

《权力意志》
Der Wille zur Macht

83

《快乐的科学》
Die fröhliche Wissenschaft

唯激情才把足够的热血和激昂抽出来，
注入他的大脑里，从而迫使他的高度智慧得以开启。

再说一遍：我们心中的猛兽愿意受骗上当，
—— 道德乃是必需的谎言。

《权力意志》
Der Wille zur Macht

《查拉图斯特拉如是说》
Also sprach Zarathustra

我们与那玫瑰花苞有何共同之处，
那因为身载一颗露珠而轻轻颤动的玫瑰花苞？

人们愈彻底地要求一方，
也就愈彻底地达到另一方。

86

《权力意志》
Der Wille zur Macht

87

《权力意志》
Der Wille zur Macht

人们不再从道德中进食；
因此人们也不再根据道德"做好事"了。

因为在两种状态中，即在梦与醉中，
人类能达到人生此在的快乐感。
在梦境中，每个人都是完全的艺术家。

《悲剧的诞生》
Die Geburt der Tragödie

梦是个别的人拿现实做游戏，
而造型艺术家（在较宽广的意义上）的艺术
则是拿梦做游戏。

真正的艺术乃是创造形象的能力，
不论它是预先—创造还是事后—创造。

《悲剧的诞生》
Die Geburt der Tragödie

91

《悲剧的诞生》
Die Geburt der Tragödie

观看的乐趣在于理解象征,虽然它是有假象的。

生命是难以承受的：然则不要让我觉得如此地弱不禁风！
我们全体都是可爱的负重的驴子。

《查拉图斯特拉如是说》
Also sprach Zarathustra

93

——《查拉图斯特拉如是说》
Also sprach Zarathustra

不光是千年的理性——还有千年的疯狂，
都在我们身上发作。危险的是成为继承者。

凡有没落的地方,凡有落叶飘飘的地方,看哪,就有生命的牺牲——为了权力!

《查拉图斯特拉如是说》
Also sprach Zarathustra

《查拉图斯特拉如是说》
Also sprach Zarathustra

我敬重那些倔强而挑剔的舌头和肠胃，它们学会了说"我"，说"是"和"否"。

走你们自己的路吧!也让民众和民族走他们自己的路!
——诚然是黑暗的路,上面再也没有一点希望的微光闪烁!

《查拉图斯特拉如是说》
Also sprach Zarathustra

97

《查拉图斯特拉如是说》
Also sprach Zarathustra

走出你的洞穴吧:世界等着你如同一座花园。
风儿玩味着浓郁的清香,要向你吹拂;
所以溪流也喜欢追随你。

每一个灵魂都有一个不同的世界；
对于每一个灵魂，任何别的灵魂都是一个隐秘的彼世。

《查拉图斯特拉如是说》
Also sprach Zarathustra

> 在最相似者之间,恰恰假象撒的谎最美;
> 因为最细小的裂隙最难填补。

——《查拉图斯特拉如是说》 Also sprach Zarathustra

怎么？我必须永远走在路上吗？必须被每一阵风卷起，动荡不定，四处飘零吗？

呵，大地，对我来说，你变得太圆了！

《查拉图斯特拉如是说》
Also sprach Zarathustra

《查拉图斯特拉如是说》
Also sprach Zarathustra

我与你一起，荒废了对言辞、价值和鼎鼎大名的信仰。
当魔鬼蜕了皮，他的名号不也脱落了么？
也许，魔鬼本身就是——一张皮。

快乐是痊愈的一个征兆。

——《查拉图斯特拉如是说》
Also sprach Zarathustra

我们的听觉的极限。
——人们只听那些自己可以找到答案的问题。

生活可以是认识者的一个实验
——它不是一种义务,不是一个厄运、不是一种欺骗!

《快乐的科学》
Die fröhliche Wissenschaft

105

《快乐的科学》
Die fröhliche Wissenschaft

越多怀疑,越多哲学。

健康与病态：人们可要小心！
标准依然是身体的盛开、跳跃之力、精神的勇气和快乐——
不过，当然也要看他能够从疾病中承担和克服多少东西，
能够使多少东西康复。

《权力意志》
Der Wille zur Macht

如果人们只是出于同情而行善，
那么人们就不会对自己有益，也不会对他人有益。
同情并不基于准则，而是基于情绪；它是病态的；
别人的苦难感染了我们，同情是一种传染。

《权力意志》
Der Wille zur Macht

谁若把自己弄成蠕虫，
他此后就不能抱怨自己受到了践踏。

《权力意志》
Der Wille zur Macht

《权力意志》
Der Wille zur Macht

为了不害怕，就得试着去爱，去高度评价，把权力差异解释为价值差异：使得这种关系不再反叛。

不想得到任何赞扬：
人们所作所为乃是对他有用的、或者使他愉快的、
或者他必须做的事。

《权力意志》
Der Wille zur Macht

111

《权力意志》
Der Wille zur Macht

最令我恼怒的是什么?
就是看到:再也无人有勇气进行彻底思考了……

古典主义趣味：那就是力求简化、强化的意志，力求幸福可见性的意志，力求恐怖的意志，敢于袒裸心理的勇气。

《权力意志》
Der Wille zur Macht

《查拉图斯特拉如是说》
Also sprach Zarathustra

**对我们来说，不跳一次舞的日子已经失去了！
每一种没有带来一阵大笑的真理，在我们看来就是虚假的！**

人类总是误解了爱情：人类相信，他们在爱情中是无私的，

因为他们想要为另一个人带来好处，

经常有违于自己的权益：

但为此，他们就要占有那另一个人……

《权力意志》
Der Wille zur Macht

一切变化中同时既有可鄙也有可喜的东西,
既包含了背叛也进行着清理。

有一些人唯在人群中才开心。真正的英雄则能自娱自乐。

《权力意志》
Der Wille zur Macht

117

《权力意志》
Der Wille zur Macht

我们已经把所有交通工具的速度提高了十倍；
而同时，我们心中对速度的要求也翻了百倍……

观念乃是欺骗；感觉是终极实在……

119

《权力意志》
Der Wille zur Macht

**德性是一种服从，
一种为了维护"社会"而对某些必要的"偏见"的服从。**

**教育：本质上是为了维护规则
而用一种转移、引诱、病变而毁掉特殊者的手段。**

《权力意志》
Der Wille zur Macht

《权力意志》
Der Wille zur Macht

当一个哲学家沉默时,可能是心灵的顶峰;
当一个哲学家自相矛盾时,可能是爱的表现;
认识者的一种骗人的神性是可能的……

我们身上继承了巨大的过去传统。
我们的记忆总是引经据典。在我们当中,
我们可以影射一种近乎博学而深奥的方式:
我们弄懂自己了。连我们的听众也喜欢我们这种暗示:
它迎合观众,观众们感到自己也博学而深奥了。

《权力意志》
Der Wille zur Macht

123

《权力意志》
Der Wille zur Macht

难道人只是上帝的一个失误？抑或上帝只是人的一个失误？

124

那不能杀害我们的东西——我们就来把它杀害，
这使我们变得更强壮。

《权力意志》
Der Wille zur Macht

125

《权力意志》
Der Wille zur Macht

谁若放弃上帝,就会愈加严格地恪守道德信仰。

玫瑰有一个好的假象，玫瑰有某种令人喜欢地闪耀的东西。

一本甚至不能使我们超越所有书籍的书有何好处呢?

你把谁称为坏人？——总是使人感到羞耻的人。

《快乐的科学》
Die fröhliche Wissenschaft

要是没有在自己身上感受到那种
经受巨大痛苦的力量和意志，谁能成就某种伟大呢？

所有善与恶的名称都是比喻：它们没有表达什么，而只是暗示。一个傻子才想要从中获得知识！

——《查拉图斯特拉如是说》 *Also sprach Zarathustra*

《查拉图斯特拉如是说》
Also sprach Zarathustra

我曾想装成一个伟大者,而且劝许多人相信:
然而,这种谎言超出了我的能力。我为此而心碎。

真正说来，我周围或许得有一个圈子，
由那些深邃而温柔的人们组成，他们会保护我，
使我免受自己的伤害，而且也懂得逗我开心：
因为，对一个思考此类事物的人来说——
正如我必须思考它们的那样——，
把自己毁掉的危险总是近在眼前。

《权力意志》
Der Wille zur Macht

《权力意志》
Der Wille zur Macht

什么是好的？——所有能提高人类身上的权力感、权力意志、权力本身的东西。
什么是坏的？——所有来自虚弱的东西。

如果存在的最内在本质就是权力意志,
如果快乐就是权力的全部增长,
痛苦就是一切不能抵抗和不能做主人的情感,
那么,我们是不是可以把快乐与痛苦设定为根本事实呢?
没有这两种肯定与否定的激荡,意志还有可能吗?
但谁感到快乐呢?

《权力意志》
Der Wille zur Macht

颓废本身决不是必须克服的东西：
它绝对是必要的，是任何时代和任何民族都具有的。
必须全力加以克服的，乃是把传染病带入机体的健康部分。

人们是善的,是因为人们也会作恶;
人们是恶的,是因为人们要不然就不懂得为善。

《权力意志》
Der Wille zur Macht

所有真正的悲剧都以一种形而上学的慰藉来释放我们,
即是说:尽管现象千变万化,但在事物的根本处,
生命却是牢不可破、强大而快乐的。

唯有艺术才能把那种对恐怖或荒谬的
此在生命的厌恶思想转化为人们赖以生活下去的观念：
那就是崇高和滑稽，崇高乃是以艺术抑制恐怖，
滑稽乃是以艺术发泄对荒谬的厌恶。

这是一个永恒的现象：贪婪的意志总是在寻找某种手段，通过一种笼罩万物的幻景使它的造物持守在生命中，并且迫使它们继续存活下去。

> 如果你不想让眼与心弱化,
> 就要在黑暗中追寻太阳!

《快乐的科学》
Die fröhliche Wissenschaft

141

《快乐的科学》
Die fröhliche Wissenschaft

利己主义乃是感觉的透视法则,据此法则,切近之物显得大而重:而远处的所有事物,其尺寸和分量就缩小了。

142

《快乐的科学》
Die fröhliche Wissenschaft

在富人那里,慷慨大方经常只是一种胆怯。

143

《快乐的科学》
Die fröhliche Wissenschaft

在"果"出现之前与出现之后,
人们相信的"因"是不同的。

没有一个胜利者相信偶然性。

《快乐的科学》
Die fröhliche Wissenschaft

你相信什么？——我相信：
一切事物的价值都必须得到重新规定。

我来把超人教给你们。人类是某种应当被克服的东西。
为了克服人类,你们已经做了什么呢?

《查拉图斯特拉如是说》
Also sprach Zarathustra

> 确实，人是一条肮脏的河流。
> 人们必须已然成为大海，方能接纳一条肮脏的河流，
> 而不至于变脏。

——《查拉图斯特拉如是说》 *Also sprach Zarathustra*

呵！人类再也不能射出他那渴望超越自己的飞箭的时候正在到来，人类的弓弦已经忘掉了嗖嗖之声！

《查拉图斯特拉如是说》
Also sprach Zarathustra

要领会异己的血是不容易的:我憎恨那些好读书的懒汉。

149

《查拉图斯特拉如是说》
Also sprach Zarathustra

让你们对生命的爱成为对你们的最高希望的爱吧：
让你们的最高希望成为生命的最高思想吧！

《查拉图斯特拉如是说》
Also sprach Zarathustra

《查拉图斯特拉如是说》
Also sprach Zarathustra

如果人们想要有一个朋友,也就必须愿意为朋友作战:而为了作战,人们必须能够成为仇敌。

迄今为止有千个目标，因为有千个民族。
只是一直没有套在千个颈项上的锁链，
一直没有一个唯一的目标。人类还根本没有一个目标。

《查拉图斯特拉如是说》
Also sprach Zarathustra

创造——这是对于痛苦的大解脱，以及生命的缓解。但为了成为创造者，本就必需有痛苦和大量的转变。

《查拉图斯特拉如是说》Also sprach Zarathustra

即使在认识中,
我也只感受到我的意志的生产和生成的快乐;
而如果我的认识中还存有纯真,
那是因为其中有求生产的意志。

《查拉图斯特拉如是说》
Also sprach Zarathustra

《查拉图斯特拉如是说》
Also sprach Zarathustra

我们意愿像狂风一般生活在他们之上，
与鹰为邻，与雪为邻，与太阳为邻：
狂风就是这样生活的。

> 凡有生命处,就有意志:但不是求生命的意志,
> 而是——我要如是教你——求权力的意志!

《查拉图斯特拉如是说》
Also sprach Zarathustra

最高者必定从最深者而来获得自己的高度。

——《查拉图斯特拉如是说》 Also sprach Zarathustra

勇气也杀死面临深渊的眩晕:
而人在哪儿会不面临深渊呢!
难道观看本身不就是——看深渊吗?
勇气乃是最佳的杀戮者:
勇气也杀死同情。而同情却是最深的深渊:
人多么深刻地观入生命,他同样也多么深刻地观入痛苦。

《查拉图斯特拉如是说》
Also sprach Zarathustra

《查拉图斯特拉如是说》 Also sprach Zarathustra

我的沉默学会了不通过沉默来泄露自己，这就是我最喜爱的恶意和技艺。

有的人的孤独是病者的逃遁；
有的人的孤独则是对于病者的逃遁。

《查拉图斯特拉如是说》
Also sprach Zarathustra

我的轻蔑和我的警告之鸟只应当从爱中飞起：
而不是从泥沼中飞起！

《查拉图斯特拉如是说》
Also sprach Zarathustra

大地和生命对于他来说是沉重的；
而且，重力的精神就是这样意愿的！
但谁若意愿成为轻盈的，成为一只飞鸟，
他就必须爱自己：——我如是教导。

《查拉图斯特拉如是说》
Also sprach Zarathustra

厌世者!你们甚至还不曾变成脱离大地者!
我发现你们总还贪恋大地,依然迷恋着自己对大地的厌倦!

——《查拉图斯特拉如是说》
Also sprach Zarathustra

我想要索回我们赋予现实事物和想象事物的所有美和崇高,把它们当作人类的财富和产品:作为人类最美的辩护词。

《权力意志》
Der Wille zur Macht

万物去了又来；存在之轮永远转动。
万物枯了又荣，存在之年永远行进。
万物分了又合；同一座存在之屋永远在建造中。
万物离了又聚；存在之环永远忠实于自己。

《查拉图斯特拉如是说》
Also sprach Zarathustra

如果我的关键就在于,一切重者都要变轻,
一切身体都要变成舞者,一切精神都要化为飞鸟:
而且真的,这就是我的关键所在!

——《查拉图斯特拉如是说》 Also sprach Zarathustra

《查拉图斯特拉如是说》
Also sprach Zarathustra

如今不就是群氓的时代吗?但群氓却不知道什么是伟大的,
什么是渺小的,什么是正直和诚实的:
群氓是无辜而欺诈的,群氓永远撒谎。

人若不爱，就必定立即诅咒吗？
这——我以为是一种坏趣味。

《查拉图斯特拉如是说》
Also sprach Zarathustra

169

《快乐的科学》
Die fröhliche Wissenschaft

不要滞留平原！不要登升太高！
不高不低处看世界才是最美好的事儿。

"罚"是在极其狭隘的空间里发展起来的，
它是强权者、家长的反应，
是强权者、家长因为自己的命令和禁令
遭到蔑视而表达出来的愤怒。

《权力意志》
Der Wille zur Macht

171

《权力意志》
Der Wille zur Macht

在我看来，被人误解要胜过得不到理解：
某种具有伤害作用的东西就在于被人理解。
要被人理解吗？你们知道这意味着什么吗？
——理解即敉平。

我自己不当真的东西，人们如何能当真呢？

《权力意志》
Der Wille zur Macht

173

《权力意志》
Der Wille zur Macht

懒散乃一切哲学之开端。因此——哲学是一种恶习?

男人在一切永恒女性面前是胆怯的:女人们知道这一点。

《权力意志》
Der Wille zur Macht

175

《瞧,这个人》
Ecce Homo

人们必须坚守自己,人们必须勇敢地独立自主,
要不然人们就根本不可能爱。

我太好奇、太成问题、太傲慢，
以至于不会让自己将就于一个粗野的答案。

《瞧，这个人》
Ecce Homo

177

《权力意志》
Der Wille zur Macht

疾病是一种强大的兴奋剂。只不过,
为了消受这种兴奋剂,人得足够健康。

如果人们要相爱，不是必须先相恨吗？

《狄奥尼索斯颂歌》
Dionysos-Dithyramben

《权力意志》
Der Wille zur Macht

对人迁就凑合,热情好客:此乃大度的行为,
但并不高贵。在许多遮掩的窗户和锁闭的店铺上,
人们却能够认识一些高贵好客的心灵:
因为他们起码空出了最佳的房间,
他们期待着来客,不必迁就凑合的来客……

一副好牙和一只好胃——

这是我对你的祝愿!

只要你受得了我的书,就肯定跟我合得来!

《快乐的科学》
Die fröhliche Wissenschaft

图书在版编目（CIP）数据

我为什么如此聪明 /（德）弗里德里希·尼采著；孙周兴译.
—— 上海：上海文艺出版社，2022
ISBN 978-7-5321-8360-9

Ⅰ.①我… Ⅱ.①弗…②孙… Ⅲ.①尼采 (Nietzsche, Friedrich Wilhelm 1844-1900) – 哲学思想 Ⅳ.① B516.47
中国版本图书馆 CIP 数据核字 (2022) 第 119148 号

发 行 人　毕 胜
责任编辑　肖海鸥　李若兰
装帧设计　丁威静

书　　　名　我为什么如此聪明
作　　　者　[德] 弗里德里希·尼采
译　　　者　孙周兴
出　　　版　上海世纪出版集团　上海文艺出版社
地　　　址　上海市闵行区号景路 159 弄 A 座 2 楼　201101
发　　　行　上海文艺出版社发行中心
　　　　　　上海市闵行区号景路 159 弄 A 座 2 楼 206 室　201101　www.ewen.co
印　　　刷　北京中科印刷有限公司
开　　　本　787 × 1092　1/40
印　　　张　4.8
字　　　数　20 千字
印　　　次　2023 年 1 月第 1 版　2023 年 1 月第 1 次印刷
I S B N　978-7-5321-8360-9/B.084
定　　　价　52.00 元

告 读 者　如发现本书有质量问题请与印刷厂质量科联系　T: 021-37910000

FRIEDRICH